Alltag eines Admins:
Angriff der User

Rene Schickbauer

Impressum:

"Alltag eines Admins: Angriff der User"

©2010 Rene Schickbauer

1. Ausgabe

Umschlag und Logo: © Rene Schickbauer

Logo: "Cete, das Mondkalb"

Herstellung und Verlag: Books on Demand GmbH, Norderstedt

ISBN: 978-3-8391-9866-7

Inhaltsverzeichnis

1 Danksagung

Ich möchte hiermit allen meinen Usern, Lieferanten, Kunden und Kollegen sowie allen Soft- und Hardwareherstellern danken. Ohne ihre Mithilfe beim Erschaffen neuer Probleme und kreativer "Lösungen" hätte ich kein Ausgangsmaterial für dieses Buch gehabt.

Bitte nach falsch verstehen: Durch euch habe ich einen Job. Ich hege keinen Groll gegen euch. Jedenfalls meisten nicht oder zumindest zwischendurch nicht. Wir alle machen mal Fehler, wir sind alle nur Menschen. Auch ich. Nur über meine Fehler schreib ich nicht so oft, eure sind lustiger ;-)

Danke dafür, dass ich in interessanten Zeiten leben darf.

Danke an die Mitarbeiter der Books on Demand GmbH. Ihr hab es verstanden, dass zwischen "altmodischen" Verlagen und "modernen" Internet keine unüberbrückbare Kluft existieren muss!

1 Danksagung

Ein Danke auch an Wolfgang, der mir immer mit Freundschaft und guten technischen Ratschlägen zur Seite steht.

Und ein besonderes Danke auch an meine Eltern Irene und Walter und an meine Schwester Nicole, die mich trotz allem noch gern haben.

2 Prolog

Ein Uhr nachts, in einem dunklen Zimmer irgendwo in Österreich.

Ein Mobiltelefon läutet. Jemand greift reflexartig danach, drückt einen Knopf und meldet sich verschlafen. Ein aufmerksamer Zuhörer könnte ein leises Flüstern aus der Apparatur hören.

Eine Hand wird auf eine Stirn geschlagen, die Worte "Ich bin in einer Viertelstunde vor Ort" sind zu hören und das Gespräch wird beendet.

Für einen Systemadministrator hat ein neuer Arbeitstag begonnen. Er zieht sich an, schwingt sich auf sein Fahrrad und fährt zur Arbeit.

3 Der übliche Wahnsinn

schnauf Wieder ein Tag geschafft. Manchmal frage ich mich schon, warum ich nicht einfach umfalle...

Durch den ganzen Wirtschaftsaufschwung in den letzten Monaten haben wir Arbeit genug für fünf Leute. Blöd ist, dass wir nur zu dritt sind. Noch blöder ist, dass Kollege C im Krankenstand ist (Sportunfall) und Kollege J mit Grippe im Bett liegt. Bleibe also nur ich übrig, um den täglichen Wahnsinn aus Bürokratie, Mobbing, Schuldzuweisungen, Computerproblemen, inkompetenten Lieferanten, hochnäsigen Kunden und computerallergischen Usern zu meistern.

Der heutige Tag war wieder einmal besonders "interessant", wobei ich damit den chinesischen Fluch "Mögest du in interessanten Zeiten leben" meine.

Angefangen hat es eigentlich schon heute in der früh, als mein Wecker (Handy) läutete. Oder eben auch nicht. Ich bin ein bisschen früher aufgewacht, greife zum Handy um den Alarm zu deaktivieren und: Das Display geht an, zeigt die Alarm-Meldung, spielt die ersten 0.5 Sekunden vom MP3 und stürzt ab. Naja, zuerst einmal die Batterie raus und rein, Handy einschalten und dann duschen gehen. Nachdem ich wieder trocken war, war mein Telefon[1] dann gnädigerweise auch schon soweit, dass es nach dem PIN-Code geschrien hat. Der Tag kann ja nur besser werden.

Oder auch nicht. In der Arbeit angekommen, habe ich erstmals die Mails durchgelesen und für Schwachsinn befunden. Als nächstes dann kurz mal den Zentralserver für die Messdaten durchstarten[2], weil das Ding wie immer pünktlich zum Wochenanfang abgestürzt ist. Naja, kennen wir ja schon.

Endlich Zigarettenpause. Natürlich quatscht mich sofort ein Kollege wegen seinem Privat-PC an. Die Billigsdorferkiste hat nach einem guten Jahrzehnt den Löffel abgegeben. Ich hab den Kollegen dann schonend darüber aufgeklärt, dass wir nicht für private Museumsstücke zuständig sind und ihm vorgeschlagen, das Ding vorsichtig in der Elektroschrott-

---

[1] der Markenname klingt nach schwarzen Beeren
[2] mit dem magischen Alles-mach-Gut-Knopf. Die TV-Serie "The IT Crowd" bezeichnet das als "Forcing an unexpected reboot".

Tonne zu deponieren. Kaffee musste ich mir dann natürlich selbst zahlen.

Dazwischen schon der nächste Anruf aus der Produktion: Drucker geht nicht, große Katastrophe, Auslieferung steht!! Panik!!! Die Kollegen haben schon alles versucht, die kennen sich ja aus.[3] Einmal quer durch die Halle gerannt, Papierstau laut Displayanzeige entfernt und wieder retour ins Büro.

Kaum sitze ich, nächstes Druckerproblem. Anderer Drucker, gleiche Entfernung. Diesmal will der Drucker die A5-Zettel nur auf A4 ausdrucken. Alle Einstellungen zusammen mit einem Kollegen (per Telefon) geprüft, stimmt alles. Gleicher Treiber, gleiche Einstellungen wie die anderen 30 Drucker auch. Nur der Drucker tut halt nicht richtig. Wir haben dann den Drucker zum Testen auf einem anderen Printserver eingerichtet - geht so wie er soll. Typisch. Jetzt hängt das Ding halt auf dem Druckerserver des falschen Standortes, aber das ist mir jetzt auch egal.

danach wird es haarig. Ein Kollege hat sich bei Werksleiter und IT-Oberchef beschwert, dass bei uns alles so lang dauert und dass wir seine "dringenden" Probleme nicht schnell genug bearbeiten.

---

[3]Irgendwann einmal finde ich auch die Antwort auf "Mit was?"

Im Prinzip hat er ja recht, was er aber vergessen hat zu erwähnen: "Wir" sind im Moment "Ich", die nötigen Details[4] hab ich von ihm immer noch nicht bekommen und, ach ja, die alles entscheidende Produktion des betroffenen Produkts läuft trotzdem.

Den Nachmittag hab ich dann damit verbracht, sinnlose Mails zu schreiben und zu dokumentieren, warum im Prinzip eine Abteilung mit zu wenig Mitarbeitern die Probleme, die nicht produktionsgefährdend sind, nach einer "sobald wir mal Luft bekommen" Reihenfolge abarbeiten.

Sprich: Ich kann mich jetzt rechtfertigen, warum drei Leute (davon derzeit zwei krank) nicht die Arbeit von fünf machen können.

Und dann kam da noch die Meldung, dass "wir" (also "ich") jetzt wohl doch einen 24/7 Bereitschaftsdienst machen sollen. Schön, aber dann bin ich bald reif für die Insel...

---

[4]zum Beispiel, welche Rechner denn eigentlich betroffen sind oder was eigentlich das Problem ist

4 Und lustig tun wir weiterbasteln

Ein weiterer interessanter Tag nähert sich dem Ende.

Heute war bei weitem nicht so abwechslungsreich wie sonst, doch die Vorfälle hatten es in sich. Das kreativ gebastelte Ethernet-Kabel war aber sicher das Highlight.

Gleich am Vormittag, nachdem ich die üblichen das-ist-ein-angeblich-lustiges-Powerpoint und automatischen Status-Mails weggeklickt hatte, kam der Anruf.

Drucker an der Produktionslinie geht nicht.[1] Nachdem sich der vom Kollegen beschriebene Laserdrucker als Tintenspritzer herausgestellt hat, hab ich dann zuerst einmal die mitgenommenen Standard-Ersatzteile wieder zurück getragen. Ok, das war es

---

[1] Das übliche *Katastrophe! Panik!! Produktion steht!!!* bitte dazu denken.

diese Woche mit dem Versuch, Pro-aktiv und Effizient arbeiten - Dankeschön, Kollege, dass du dich mit Computern ja so gut auskennst.

Naja, weiter im Text. Druckerwarteschlange angeschaut: Kommunikationsfehler[2]. Ich hab vorsichtshalber probiert, beim Drucker die Tintentanks auszutauschen (ergibt die gleiche Fehlermeldung...) und das Gerät mal kurz vom Strom zu nehmen. Kommuniziert immer noch nicht.

Ok, bevor ich jetzt einen Ersatzdrucker zweimal quer durchs Werk schleppe, kurz mein Netbook ans Netzwerkkabel rangewürgt ("anschließen" kann man das nur nennen, wenn das Netbook dann nicht am Kabel in der Luft hängt). Ok, kein Uplink. Mit einem Patchkabel Netbook und Drucker verbunden: geht. Hmm...

Naja, wird wohl das Kabel sein. Kabelbeschriftung abgelesen, Schaltschrank auf... nein, dieses Kabel gibt nicht, weder am Switch noch sonst wo im Schrank. Plan B wird aktiviert: Kollege Funkenmacher (Elektriker) wird angerufen, Mission "Verschaltungsplan entziffern und Kabel finden". Der Kollege kommt, macht die Doku auf, grübelt, schaut in den Schalt-

---

[2]Da stand tatsächlich nur "Communication error". Der Hersteller hielt es nicht für notwendig zu erwähnen, was da eigentlich wohin kommuniziert werden sollte.

schrank, schaut auf den Plan und flucht erst mal.[3]

Nach einer Stunde gemeinsamen Suchens und Vergleichens ist es dann fix: Der Schaltplan beschreibt zwar in Theorie die Produktionsanlage, anscheinend aber leider nicht die Version, die letztendlich vom externen Anlagenbauer bei uns aufgestellt wurde. Das Kabel haben wir immer noch nicht gefunden, hängt wohl an irgendeinem anderen Switch. Davon hat die Anlage ja nur zwanzig oder so.

Als nächstes haben wir dann geschaut, ob wir am Switch, an dem der Drucker laut Plan hängen sollte, einen freien Switchport zusammenbekommen, damit wir ein neues Kabel einziehen können. Dabei haben wir eine Spezialkreation gefunden, siehe Abbildung 4.1

Wer es nicht erkennen kann: Das Kabel hat auf der einen Seite einen normalen Netzwerk-Stecker und auf der anderen Seite... nichts. Einfach abgeschnitten. Natürlich, ohne die Kontakte wenigstens zu isolieren. Jetzt haben wir zwar immer noch keinen funktionierenden Drucker, aber der intelligente Switch dürfte jetzt auch nicht mehr so viele Fehlermeldungen ausspucken.

---

[3] Wenn ein Elektriker flucht, hat das meistens einen von zwei Gründen: Entweder stimmt ein Schaltplan nicht, oder etwas teures (z.B. ein anderer Elektriker) hat sich soeben in Rauch aufgelöst.

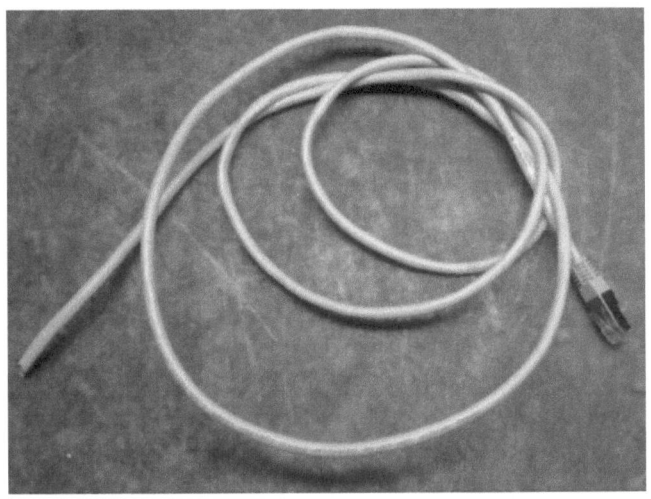

Abbildung 4.1: Spezialkabel

Laut Plan des Anlagenbauers hing da übrigens der zentrale Datenbankrechner der Produktionslinie dran. In Wirklichkeit war der Rechner an dem Port angeschlossen, der laut Plan für den Drucker vorgesehenen war.

Was ich mich schon ein bisschen frage, ist: Wie hat der Anlagenbauer geplant hat, die Daten über dieses Kabel zu schicken? Als direkten CAT5-auf-WLAN Adapter, oder was?

Nach zwei weiteren Stunden basteln und Kabel verlegen läuft der Drucker jetzt jedenfalls.

Nachtrag: Wie es allerdings nach zwei Jahren ohne Probleme wegen einem Druckerproblem zu einem Produktionsstillstand kommen soll ist angesichts der Tatsache, dass der Drucker *noch nie* richtig angeschlossen war, weiterhin ungeklärt.

5 Chaos, Panik und Antivirus

Hui, das war wieder Mal ein Tag.

Nach den üblichen User-Problemen am Vormittag hab ich bis am Nachmittag Doku gelesen und den Debugger gequält um einem Performance-Problem meiner Haupt-Datenbank auf die Schliche zu kommen. Ergebnis: Ich kenne jetzt über 30 Lösungsansätze mehr, die auch nicht funktionieren.

Kurz nachdem ich dann endlich zu Hause war, auch schon der Anruf aus der Zentrale: nichts geht mehr. Möglicherweise ein Virus, genaues weiß noch niemand. Gut, als erstes - noch von zu Hause aus per Telefon - vom Kollegen M die Netze per Firewall trennen lassen, wieder Dienstkleidung an und Abmarsch in die Arbeit. Unterwegs auch gleich den Kollegen J informiert, dass er vorsichtshalber mal sein Telefon nicht ausschalten soll.

In der Firma angekommen, hab ich Chaos und in

Panik herumlaufende Kollegen vorgefunden. Logistik: gar nichts geht. Auslieferung: nada. Ein Teil der Office-Rechner: abgestürzt und/oder in Dauerreboots. Einige weitere Rechner: komplett instabil.

Ok, time for action: Headset auf, Zusatzakku an den Blackberry rangeklotzt und erst mal weitere Details von der Zentrale erfahren: Problem ist kein Virus sondern MacBla AntiVirus[1], genauer gesagt das heutige Update 5958. Der hat dann auf allen Rechnern mit XP und Servicepack 3 die svchost.exe weggeputzt - klar, ist ja nur ein zentraler Bestandteil von Windows, braucht man also nicht....[2]

Ich hab dann mit Telefonunterstützung erst mal zwei betroffene PCs soweit hinbekommen, dass wir die bereits beladenen LKWs wegschicken konnten. Als nächstes das erste Staplerterminal (ohne die Teile bekommst du nichts ein-, aus-, um- oder sonst wie gelagert). Nach gut einer dreiviertel Stunde hatten wir dann wenigstens den ersten Stapler wieder einsatzbereit.

In der Zwischenzeit hatte Kollege E ein Update für den zentralen MacBla-Server ausgerollt, der Up-

---

[1] Name vom Autor aus rechtlichen Gründen geändert. Eine Internet-Suche nach *svchost.exe Update 5958* bringt nähere Informationen.

[2] Verdrehte Augen und das typische Hand-trifft-Stirn-Geräusch bitte dazu denken.

date 5958 deaktiviert hat. In Theorie könnten die restlichen Terminals und Rechner das Update herunterladen, die svchost.exe wiederherstellen und alles wieder sicher machen... Äh, ja, ups, ohne svchost.exe kann Windows ja kein Netzwerk. Blöd.

Also bin ich erst mal knappe vier Stunden gesessen, hab auf jedem einzelnen Terminal die blöde Autologon-Fullscreen-Applikation mit einem nicht existierendem Taskmanager abwürgen und manuell alles richten müssen, also:

Neustart, zwischen Autologon und Applikationsstart STRG-ALT-ENTF drücken, Abmelden und bestätigen, als lokaler Admin anmelden, cmd.exe mit dem nun funktionierenden Taskmanager starten, automatischen Neustart wegen fehlender svchost.exe mit shutdown -a abwürgen, MacBla-Update vom USB-Stick einspielen und svchost.exe auch von dort wiederherstellen, nochmal neu starten und hoffen. Als nächstes die wichtigsten Office-Rechner und Server wieder zum laufen bekommen.

Alles natürlich, während einem die Kollegen im Nacken sitzen, Stress produzieren und blöde Kommentare schieben. Eh klar.

Noch einen kurzen Blick in die Produktion geworfen, alle Produktionslinien mit Nachmittags- und

Nachtschicht funktionieren anscheinend.[3] Dann bin ich heim marschiert und hab mir ein paar Beruhigungs-Bier gegönnt.

Alles in allem, ein ganz "normaler" Arbeitstag halt.

---

[3] Anscheinend hatten wir ein Netzwerk-Problem, dass die Antivirus-Updates behinderte. Eine Kombination von Problemen kann manchmal auch eine gute Sache sein.

6 Netzwerk-Katastrophen

Vorgeschichte: Unsere Produktionslinien sind meist recht komplex aufgebaut, ein Haufen PCs, Profibus zur Anlagensteuerung, und Netzwerk mit Industrie-Switches von IIima[1] wegen Ringverkabelung und Redundanz.

Eine neue Produktionsanlage wird von einem unserer (externen) Lieferanten aufgestellt, funktioniert aber nicht so richtig - naja, kann in der Vorabnahmephase schon mal passieren.

Zwei Wochen vor einem Leistungstest der Anlage (komplett mit Chefs vom Endkunden plus Rechtsverdrehern und Erbsenzählern aller Beteiligten) passiert es dann: Nichts geht mehr. Rechner bekommen kein Netzwerk zusammen, Produktionslinie - und damit die Mitarbeiter-Einschulung - steht.

---

[1]Name geändert.

Nach ein paar Stunden Vollpanik durch den anwesenden Anlagenlieferanten werde dann endlich ich dazu geholt. Ich stelle als erstes mal fest, dass da ein Switch zusammen mit dem 24 Volt Netzteil von einer falsch installierten Klimaanlage ertränkt wurde.[2] Naja, kein Problem, Ersatzteile rein - öh, da war ja noch das Detail, dass dieser Lieferant trotz entsprechender Vorschrift wieder mal keine Ersatzteile vor Ort hat. Na, dann wird halt 2 Stunden gewartet, bis das angeliefert wird.

(Later that day...)

Ok, Ersatzteile sind eingebaut, Klimaanlage aus, Schrank offen, dann tropft es wenigstens vorerst nicht. Netzwerk geht, ich geh Leistungstest beim Kaffeebrausystem fahren...

(Later that day, not much later...)

Eine halbe Stunde später: Netzwerk wieder ist tot. Rumbasteln bringt ein defektes Kabel zu Tage. Das wird abgesteckt, Ringleitung geht wieder und die Anlage läuft weiter.

Wegen den dauernden Problemen wird kurzfristig eine große Besprechung mit dem Projektleiter und

---

[2]Kondenswasser sollte per Schlauch außerhalb des Schrankes deponiert werden. Das funktioniert aber komischerweise nur, wenn der Schlauch angeschlossen ist.

20 anderen Leuten einberufen, wo ich den Erklär-bär spielen darf. Ich klär die Leute da mal mühselig auf, warum die IT nichts dafür kann (in unseren Richtlinien steht der Lieferumfang, Konfiguration und Einbau der Teile "etwas" anders als das, was halt geliefert wurde).

Ergebnis: Ich muss in einer halben Stunde einen vollständigen, schriftlichen Bericht bei Big Boss ab-liefern, was ich so alles an Problemen gefunden habe.

(Noch mehr Kaffee...)

Eine weitere ganz große Besprechung mit Big Boss ergibt, dass der Lieferant am nächsten Tag auf eigene Kosten Spezialisten von Hima zu uns ins Haus holen muss. So kurzfristig ist das sehr teuer, Kosten sind *uns* erstmal egal, weil wir es nicht zahlen.

(Nächster Tag, Vormittag)

Ich komme an meinem *freien Tag* kurz mal in der Arbeit vorbei, um mal mit dem recht netten und kompetenten Spezialisten zu reden. Die Kurzfas-sung seines Berichts läuft darauf hinaus, dass der Lieferant so ziemlich alles falsch gemacht hat was man denn bei einem Netzwerk so falsch machen kann. Falsche Konfiguration, falsche Kabel, falsche Stecker usw...

Highlight war aber sicher die Aussage: "Wenn die schon ihre Kabel selbst machen statt einfach fertige zu kaufen... warum haben die nicht mal einen Kabeltester? Mindestens ein Kabel ist falsch belegt, auf einem zweiten sind 2 Adern nicht durchkontaktiert..."

Ich wart jetzt mal gespannt auf den schriftlichen Abschlussbericht des Fachmanns (er meinte: "Kann schon 2 Wochen dauern, da sind eine *Menge* Mängel die ich da reinschreiben muss").

7 Wenn du glaubst es geht nicht mehr...

...kommt von irgendwo ein Stapler her. Oder so.

Jetzt fragt ihr euch wohl: "Hä? Stapler? Ich dachte hier geht es um IT. Was bitteschön hat das mit Gabelstaplern zu tun?". Sagen wir es so: Es ist ein IT-Problem, ausgelöst durch eine praktische Demonstration vom ersten Hauptsatz der Thermodynamik (Energieerhaltung).

Ok, aber erstmal der Reihe nach...

Angefangen hat das für mich alles tief in der Nacht.[1] Ich bin gerade unter der Dusche, das Telefon klingelt. Ok, die Kollegen wissen, dass ich so früh noch unausgeschlafen-unfreundlich bin, ergo es ist ein Notfall. Ich also sofort aus der Dusche gehüpft, abheben, so etwas ähnliches wie ein "Guten Morgen" rausgewürgt - ok, es war mehr ein

---

[1] morgens, halb acht, vor dem Guten-Morgen-Kaffee

"uuteeemooor*gääähn*wähstöhrt", aber bekanntlich zählt ja schon der gute Wille.

Kollege Instandhalter fragt gleich Mal, wann ich in der Firma bin um "das Problem" zu lösen. Hä, was für ein Problem soll das denn sein? Nach einigem hin- und her bekomme ich dann raus, dass ein Staplerfahrer einen PC-Schrank gerammt hat - glücklicherweise wenigstens nicht mit den Gabeln sondern mit dem "Hinterteil" des Staplers.[2] Und, ach ja, Kollege J, unser Hardware-Spezialist, hat Zeitausgleich, weil er musste ja schon Sonntags wegen einem Problem in die Arbeit.

Ich hab mich gleich mal angezogen und bin in die Firma marschiert. Unterwegs hab ich mir die verschiedenen Worst-Case-Szenarien in Gedanken durchgemalt [3] und mir verschiedene Lösungen überlegt. Vor Ort hab ich zuerst festgestellt, dass der Stapler den PC-Schrank nicht direkt gerammt hat. Nein, er hat es geschafft einen schweren Lagerschrank mitzunehmen, diesen gegen eine ebenso schwere Handpresse zu drücken und dann mit der ganzen "Zuladung" dem PC-Schrank eine zu verpassen.

Womit wir wieder bei der Thermodynamik wären: Der Staplerfahrer hat den Stapler gebremst, indem

---

[2]laut Versicherungsbericht das "Fahrzeugheck des elektrisch angetriebenen Flurförderfahrzeuges"

[3]mit denen liegt man in der IT ja nie so richtig falsch

er die Bewegungsenergie an zwei Schränke (und eine Handpresse) abgegeben hat. Da Energie weder erschaffen noch vernichtet werden kann, wurde diese Energie in mehrere Formen umgewandelt: Wärme, Deformation und Schall und anderes physikalisches Kleinzeug.

Wärme ist in dem Fall Großteils zu vernachlässigen. Dass sowohl die Flächen zwischen Stapler, Kästen und Presse, sowie die Flächen zum Boden (und der Boden selbst) leicht erwärmt wurden, interessiert erstmal kein Exemplar der Spezies Sus scrofa domestica.

Die Schallwellen[4] führten (neben den unten angeführten Schäden) auch zu sekundären Schalleffekten durch die anwesenden Kollegen. Es gibt leider keine Aufzeichnung, aber laut Augenzeugenberichten klang das ganze wohl ungefähr so: "*RUMMS*KNIIiiiiiiirschWasmachstdennduTrottel".

Der Teil mit Deformation hat sich vor allem an zwei Stellen ausgewirkt: Dem Staplerar***[5] und natürlich im Innenleben des PC-Schrankes.

In dem PC-Schrank waren zwei ältere Server, die es ziemlich hart erwischt hat. Bei beiden ist das Netzteil gestorben (dicke, schwere Trafos haben viel Massen-

---

[4]Bewegungsenergie
[5]das Fahrzeugheck, nicht der Fahrer

trägheit), zwei Festplatten mussten dran glauben, eine Netzwerkkarte war hinüber und hat den PCI-Bus blockiert, zwei Lüfter defekt und bei einem Rechner musste ich den RAID-Controller in einen anderen Steckplatz umoperieren.

Wie ihr euch denken könnt, habe ich den restlichen Arbeitstag in der für die Ausübung der IT-Religion typischen Haltung verbracht: Demütig vor dem Server knieen und die Götter der inkompatiblen Ersatzhardware um Treiber anflehen.

Irgendwie habe ich es dann geschafft, beide Kisten wieder zum Leben zu erwecken und den antiken Spielzeug-Betriebssystemen[6] beizubringen, die neue Hardwarekonfiguration zu akzeptieren um wieder mit der Produktionsanlage zu kommunizieren.

So langsam bin ich echt dafür, in unserer Produktionshalle Kameras aufzustellen. Filmstudios geben normalerweise verdammt viel Kohle für solche Special Effects aus, bei uns gibt es das in echt, live und in Farbe...

---

[6]irgendwas mit englischen Fenstern

8 Admin und die Jagd nach dem Fahrraddieb

Heute hat mir irgendein *Teil-des-Verdauungstraktes* mein Fahrrad geklaut. Und zwar das Gute, das ich erst vor ein paar Wochen beim Komplettservice hatte. Das einzige defekte Teil, das noch zu ersetzen gewesen wäre, war das Fahrradschloss (eingeplant für diesen Samstag...[1]). Damit kann ich die Fahrradtour, die ich für heuer als Urlaub eingeplant hatte, wohl auch vergessen.

Unsere Werkssicherheit konnte wie üblich "erstmal nichts machen" außer eine Verlustanzeige aufzunehmen. Mit dem Ergebnis dass da nichts weiter passieren wird.

Mir reichts. Nicht mit mir. Ich bin sauer - passiert zwar selten, kann aber vorkommen. Und wenn ein

---

[1] Notiz an mich: Priorisierung der Teilreparaturen anpassen

Admin sauer ist, dann ist das nicht gut... für andere Leute.

Also gleich mal geschaut, wie das mit den Überwachungskameras funktioniert (hab noch nie damit zu tun gehabt, macht ein Kollege). An die Aufzeichnungsdateien komm ich ran, aber das Passwort für die Software hat nur die Schlaf- und Erschiessgesellschaft. Was aber auch Wurst wäre, die Software sieht mir nach Anno 1980 aus und laut den Kollegen bedient sie sich auch so. Naja, erstmal die Datendateien sichern, die werden anscheinend rollierend überschrieben.

So, hmm, nummerierte Punkt-bin-Files? Irgendein proprietäres Drecksformat wieder mal? Wetten, dass die Sicherheit dieser überteuerten Bastelsoftware an der Passwort-Abfrage anfängt und dort gleich wieder aufhört? Mal sehen.

Unter Linux eine der durchnummerierten 60-MB-Dateien (10.bin) hergenommen,

```
> file 10.bin
```

aufgerufen, und siehe da:

```
10.bin: JPEG image data, comment: ""
```

Datei mit dem Image-Viewer *eog* aufgemacht, tatsächlich, 1 Bild einer Kamera wird angezeigt. Ha, Anfänger! *kopfschüttel*

Die zu jeder bin-Datei mitgelieferte idx-Datei lässt dann natürlich drauf schliessen, dass die Programmierer gar kein richtiges Dateiformat verwenden sondern einfach JPEG-Bilder dranhängen und sich in der idx-Datei Zeitstempel und Offsets mitschreiben - damit ihre eigene Software die Bilder dann überhaupt wieder findet. Der Videoplayer vlc kann die Datei auch mehr oder weniger abspielen (Navigation geht nicht, Framerate viel zu langsam).

Hmmm....

Hatte ich nicht vor kurzem Mal ein Script geschrieben, dass JPEG-Dateien von einer defekten Speicherkarte wieder rauspoppeln konnte indem es einfach nach Start- und Endtag von der einzelnen Dateien in einem Image gesucht hat? Ja doch, liegt hier noch herum. Klingt schon mal ganz gut.

Ausprobiert, geht. Ein bisschen umgebastelt, damit die "Fotos" schön aufsteigend mit führenden Nullen durchnummeriert werden[2] und das Script auch mit mehreren "defekten Speicherkarten" arbeiten kann. Also 2 Minuten Script basteln und gut.

So gut zehn Minuten später hab ich mir mit mencoder aus den JPEGs das erste avi-Video fertig

---

[2]dann werden die vom Dateisystem schön automatisch alphabetisch geordnet und ich brauch zum weiterverarbeiten keine extra Sortierung basteln

zusammengebastelt. Das tut dann auch in den Video-playern so wie ich das will.

Am Wochenende hab ich dann mal Parkplatz-TV geschaut. Aber dank mieser Auflösung und subop-timaler Kameraposition war am Parkplatz alles zu sehen - nur nicht der Fahrradunterstand.

Ach, und bevor ich es vergesse: Ich sollte mal den Entwicklern der Kamera-Software Bescheid geben, dass sie blutige Amateure sind. Wenn man schon eine Software verkauft die ein proprietäres Dateifor-mat verwendet, dann macht man das so, dass der Kunde auch eine sündteure Zusatzsoftware braucht um das für andere Programme lesbar zu machen. Nicht so, dass das jemand in knapp 15 Minuten Ar-beitszeit vollständig aushebeln kann ohne sich die Details vom Dateiformat überhaupt anschauen zu müssen.

9 Der Hackerlehrling

Vor langer Zeit hatte ich mal einen Ferialpraktikan-
ten. Sein Diensteifer war so groß, dass er an meinem
freien Tag sogar die Administration eines Servers
übernahm. Hier ist seine Geschichte, frei nach Goethe[1]:

Hat der alte Hackermeister
sich doch einmal wegbegeben!
Und nun sollen seine Server
auch nach meinem Willen leben!
Seine Wort und Werke merkt ich
und den Brauch,
und mit Linux-Stärke
tu ich Wunder auch!

Walle, walle Manche Strecke
dass zum Zwecke, Download fließe
und in reichem, vollen Schwalle
zu dem Server sich ergieße!

---

[1] an den Meister Johann Wolfgang komm ich qualitativ
nicht ran, bitte trotzdem nicht hauen.

Und nun komm, du altes Rechenwesen!
Nimm die neue Tux-CD,
bist schon lange Knecht gewesen,
wirst mein eigen Surf-PC!

Ein Script in Perl sei drauf,
voll von großer Tücke,
die lib von Torrent
die neue, die ganz ohne Lücke!

Walle, walle Manche Strecke
dass, zum Zwecke, Download fließe
und in reichem, vollen Schwalle
zu dem Server sich ergieße!

Ein Passwort nimm, ein gutes,
Verschlüsselung, ganz ausgefeilt!
Ein Perl-Script, ja das tut es,
weil die Sache eilt!
Ein kurzes, schnelles Wort,
und schon schreitet die Sache fort!

Walle, walle Manche Strecke
dass, zum Zwecke, Download fließe
und in reichem, vollen Schwalle
zu dem Server sich ergieße!

Seht, er läuft zu Google nieder,
Wahrlich! ist schon an dem Link!
und mit Blitzeschnelle,
ist schon hier der Download flink!

Schon zum zweiten Male!
Wie die Platte schwillt!
Wie sich der ganze Server
voll mit Daten füllt!

Stehe! stehe!
denn wir haben deiner Gaben vollgemessen!
Ach, ich merk es! Wehe! wehe!
Hab ich doch das Wort vergessen!
Das Wort, mit dem er wird was er gewe-
    sen!

Die Platten werden immer voller,
der Download immer schneller!
Die Rechnung immer doller,
die Panik immer heller!

Herr und Meister! Hör mich rufen!
Ach, da kommt der Meister!
Herr, die Not ist groß!
Die ich rief, die Pornos,
werd ich nun nicht los.

Der alte Hackermeister öffnet ganz gelassen,
wie im Traum,
mit sarkastisch Lächeln,
Tür und Tor zum Serverraum.
Und drückt mit ganzer Kraft,
den magisch Knopf,
und dreht dem Rechner ab den Saft...

9 Der Hackerlehrling

Nachtrag: Kurz nach diesem Vorfall wurde das "Experiment Ferialpraktikant" - zumindest mit diesem Versuchsexemplar - vorerst abgebrochen. Mittlerweile hatte ich andere Praktikanten die nicht weniger kreativ waren.

10 Der Kampf mit den Ungeziefer

Malware (bösartige Software) ist unter Windows-Systemen seit Jahren stark verbreitet. Derzeit kämpfe ich wieder einmal gegen diverse Varianten vom Conficker.

Da muss ich mich als erstes Mal bei den netten Kollegen bedanken, die mir mit ihren USB-Sticks ständig neue Viren, Würmer, Trojaner und anderes Ungeziefer von ihren privaten, ungesicherten Pfrimmelkisten einschleppen.

Auch nicht sehr hilfreich ist, dass den Support für den MacBla AntiVirus jetzt eine andere Firma macht als noch vor ein paar Monaten - und ich alle Rechner händisch upgraden muss, weil sich der Update-Server geändert hat. MacBla kann übrigens die diversen Conficker-Varianten oft nicht selbstständig entfernen. Da muss man im abgesicherten Modus von Windows ein eigenes Tool starten. Kommerzielle Drecks-Software halt. Und dank des mitgelieferten

Cowboy-Installers funktioniert nicht mal das installieren/deinstallieren von MacBla immer sauber.

Noch bevor ich das aktuelle Problem im Griff hab kommen da zwei weitere Hiobs-Botschaften:

Erstens mal schreibt Felix von Leitner in seinem Blog[1] von einer Malware, die SCUDU-Systeme[2] angreift. Das sind so Automations-Systeme eines großen deutschen Unternehmens, die unter anderem für die Steuerung von Produktionslinien und Atomkraftwerken eingesetzt werden. In den AKWs werden damit u.a. kritische Prozesse gesteuert. Das trifft aber hauptsächlich westliche Kraftwerke außer denen im Osten, für die der Westen die Sanierung und Modernisierung gezahlt hat. Wups.

Übrigens, der Hersteller empfiehlt, das voreingestellte Passwort ihrer Software nicht zu ändern (denn andernfalls wäre die Passwort-Abfrage ja sinnvoll, und das geht ja gar nicht!). Zitat: "*Firma* has reportedly advised customers not to change their default passwords, arguing it 'may impact plant operations.'". Auf gut deutsch: "*Firma* empfiehlt, das Passwort nicht zu ändern, weil es sonst 'Auswirkungen auf die Produktion haben kann'".

Und die Hersteller von MacBla meinen lapidar, dass

---

[1] Fefe's Blog: http://blog.fefe.de
[2] Name vom Autor geändert

sie selbst wissen, dass ihre Produkte für solche Probleme ungeeignet sind und sich die Admins gefälligst selbst was ausdenken sollen.

Und dann kommt von TheRegister[3] auch noch die Meldung, dass Mell[4] jetzt speziellen Kundenservice betreibt und schon Serverhardware mit vorinstallierter Spyware ausliefert. Wieso Kundenservice? Na, dann brauchen meine User (die Endkunden) nicht mehr mühselig alle Rechner per Hand verseuchen, weil man die Kisten eh schon pre-owned geliefert bekommt - ohne Aufpreis, versteht sich.

Wenn ich dann auch noch sehe, dass die Malware-Autoren mehr verdienen als ich, dann hab ich schon manchmal das Verlangen, auf die dunkle Seite der Macht zu wechseln. Aber ich halt einer dieser dummen, ehrlichen Sysadmins, der sich an die "System Administrators' Code of Ethics" - also den Verhaltenskodex meines Berufstandes - hält. Mist, dann gibt es halt weiterhin Butterbrot statt Schnitzel...

---

[3]http://www.theregister.co.uk/
[4]Name geändert, ein bekannter Fertig-PC-aus-dem-Internet Hersteller

11 Epilog

Drei Uhr Nachts, in einem dunklen Zimmer irgendwo in Österreich.

Ein Mobiltelefon läutet. Jemand greift reflexartig danach, drückt einen Knopf und meldet sich verschlafen. Ein aufmerksamer Zuhörer könnte ein leises Fluchen aus der Apparatur hören, nur unterbrochen von gestöhnten Bemerkungen wie "Er hat WAS...?" und "Das ist ein Scherz, oder?".

Eine Hand wird auf eine Stirn geschlagen, die Worte "Ich bin in einer Viertelstunde vor Ort" sind zu hören und das Gespräch wird beendet.

Für einen Systemadministrator hat derselbe Arbeitstag erneut begonnen. Er zieht sich an, schwingt sich auf sein Fahrrad und fährt zur Arbeit. Während er durch die dunkle Landschaft radelt, fragt er sich, wie es wohl wäre, eine geregelte Arbeitszeit zu haben.